VEO A JESÚS

ESCRITO POR NANCY GUTHRIE

ILUSTRADO POR JENNY BRAKE

B&H niños
Brentwood TN

Cuando me paro en el sol y veo hacia abajo, puedo ver mi sombra. Se parece mucho a mí, pero no soy yo.

El Antiguo Testamento está lleno de sombras.
Cuando vemos estas sombras, podemos ver algo muy similar a Jesús.

Así como no es posible
que veamos todo sobre nosotros
mismos en nuestra sombra,
tampoco vemos todo sobre Jesús
en Sus sombras,
pero sí podemos ver algunos
aspectos sobre quién será,
qué hará y cómo salvará.

«Pues esas reglas son solo sombras
de la realidad que vendrá.
Y Cristo mismo es esa realidad».

COLOSENSES 2:17

Adán enfrentó la tentación del árbol prohibido en el Jardín del Edén. Si obedecía lo que Dios le había dicho sobre el árbol, viviría. Pero Adán no obedeció.

En la sombra de Adán veo a Jesús, el **segundo Adán**. Jesús enfrentó la tentación de un árbol, en forma de cruz, en el jardín de Getsemaní. Si Jesús obedecía a Dios en aquel árbol, moriría. ¡Y Jesús obedeció!

«Por uno solo que desobedeció a Dios, muchos pasaron a ser pecadores; pero por uno solo que obedeció a Dios, muchos serán declarados justos».

ROMANOS 5:19

Noé construyó el arca para esconder a su familia, de modo que estuvieran a salvo en la tormenta que Dios enviaría como castigo por el pecado.

En la sombra del arca veo a Jesús, el **arca de la seguridad**. Todos los que se esconden en Jesús están a salvo del castigo de Dios por el pecado.

«Porque ustedes han muerto, y su vida está escondida con Cristo en Dios». COLOSENSES 3:3 (NBLA)

Dios le dijo a Abraham que mirara en la noche hacia el cielo
y que contara las estrellas. Dios le prometió que tendría más hijos
que todas las estrellas en el cielo.

En la sombra de las estrellas veo a Jesús, la **estrella brillante de la mañana**. Jesús es el hijo de Abraham a través del cual todas las familias de la tierra son bendecidas.

«Yo, Jesús [...] soy la estrella brillante de la mañana».
APOCALIPSIS 22:16

Dios le dijo a Abraham que ofreciera a Isaac, el hijo que amaba, como sacrificio por el pecado. Isaac llevó la madera sobre la cual sería sacrificado. Pero Dios proveyó un cordero para que fuera sacrificado en lugar de Isaac, de modo que Isaac pudiera vivir.

En la sombra de Isaac veo a Jesús, el **Hijo amado** del Padre. Jesús llevó la madera sobre la cual sería sacrificado. Dios proveyó a Jesús para que fuera un sacrificio en nuestro lugar, de modo que podamos vivir.

«Pues Dios amó tanto al mundo
que dio a su único Hijo, para que todo
el que crea en él no se pierda,
sino que tenga vida eterna». JUAN 3:16

Jacob bendijo a Judá y dijo que un día alguien de la tribu de Judá gobernaría sobre todas las naciones como un león poderoso.

En la sombra de Judá veo a Jesús, el **León de la tribu de Judá**. Jesús un día regresará a la tierra para gobernar las naciones.

«Pero al Hijo le dice: "Tu trono, oh Dios, permanece por siempre y para siempre. Tú gobiernas con un cetro de justicia"». HEBREOS 1:8

A José le quitaron su túnica de colores y fue
arrojado a un pozo. Pero más tarde fue honrado y
lo sentaron a la mano derecha del faraón.
Todo el mundo que quería salvarse de
la hambruna tenía que ir a José.

En la sombra de José veo a Jesús, el Salvador
del mundo. A Jesús le quitaron Su túnica,
lo mataron y sepultaron en una tumba.
Pero resucitó de entre los muertos y ahora se
sienta a la mano derecha de Dios en el cielo.
Todo el mundo que quiera ser salvo
debe ir a Jesús.

«En ningún otro hay salvación, porque no hay
otro nombre bajo el cielo dado a los hombres,
en el cual podamos ser salvos». HECHOS 4:12 (NBLA)

Moisés dejó la comodidad de su hogar,
en el palacio del faraón, para sufrir con
sus hermanos y hermanas y rescatarlos
de la esclavitud en Egipto.

En la sombra de Moisés veo a Jesús, nuestro Rescatador.
Jesús dejó la gloria de Su hogar, en el cielo, para sufrir con nosotros
y rescatarnos de la esclavitud del pecado.

«Así que, si el Hijo los hace libres,
ustedes serán realmente libres». JUAN 8:36 (NBLA)

Dios dijo a los israelitas que marcaran sus hogares con la sangre de un cordero. Cuando bajó para castigar a los egipcios, pasó sobre las casas marcadas con sangre y los hijos primogénitos fueron protegidos de la muerte.

En la sombra de los corderos en Egipto, veo a Jesús, nuestro **cordero pascual**. Cuando nuestras vidas están marcadas por la sangre de Jesús, estamos protegidos de la muerte eterna.

«Al día siguiente, Juan vio que Jesús
se le acercaba y dijo:
"¡Miren! El Cordero de Dios, que
quita el pecado del mundo!"». JUAN 1:29

Cuando Dios guio a los hijos
de Israel a través
del desierto, los alimentó
con pan del cielo y les dio
agua de una roca.

En las sombras del pan y del agua veo a Jesús. Jesús es
el **pan de vida** que alimenta nuestras almas.
Él es el **agua viva** que nos satisface para siempre.

«Jesús les dijo: "Yo soy el pan de la
vida; el que viene a Mí no tendrá
hambre, y el que cree en Mí nunca
tendrá sed"». JUAN 6:35

Dado que Dios siempre ha querido vivir entre Su pueblo, descendió a vivir en el Lugar Santísimo del tabernáculo.

En la sombra del tabernáculo veo a Jesús, el **verdadero tabernáculo**. Jesús se hizo humano y vino a vivir con nosotros. Ahora Él vive en nosotros a través del Espíritu Santo.

«Entonces la Palabra se hizo hombre y vino a vivir entre nosotros». JUAN 1:14

Una vez al año, el sacerdote rociaba la sangre de un macho cabrío en el propiciatorio para lavar los pecados de la gente. El otro macho cabrío, llamado chivo expiatorio, era enviado fuera del campamento y se llevaba los pecados de la gente.

En las sombras de estos machos cabríos veo a Jesús. Jesús es el **sacrificio de una vez y para siempre**, cuya sangre lava nuestro pecado. Jesús es el **chivo expiatorio**, quien se ha llevado lejos nuestros pecados.

«Nos amó y se ofreció a sí mismo como sacrificio por nosotros». Efesios 5:2

Cuando las personas estaban siendo mordidas por serpientes venenosas en el desierto, Dios le dijo a Moisés que hiciera una serpiente de bronce y la atara a un poste. Cualquiera que viera a la serpiente en el poste viviría.

En la sombra de la serpiente en el poste veo a Jesús, el Hijo del Hombre. Jesús, quien nunca pecó, se convirtió en pecado por nosotros. Fue clavado en una cruz y levantado. Cualquiera que lo vea vivirá.

«Y, así como Moisés levantó la serpiente de bronce en un poste en el desierto, así deberá ser levantado el Hijo del Hombre, para que todo el que crea en él tenga vida eterna». JUAN 3:14-15

Con el sonido de una trompeta, Josué guio al pueblo de Dios para que hicieran su hogar en la tierra que Dios les había prometido.

En la sombra de Josué veo a Jesús, nuestro **mejor Josué**. Un día, con el toque de una trompeta, Jesús regresará para guiarnos a hacer nuestro hogar en la tierra que Dios nos ha prometido.

Jericó

«Buscaban un lugar mejor, una patria celestial. Por eso Dios no se avergüenza de ser llamado el Dios de ellos, pues les ha preparado una ciudad».

Con bondad, Booz proveyó para Rut,
y le prometió ser un redentor para ella.
Booz fue a la puerta de la ciudad a pagar
el precio para hacerla su novia.

En la sombra de Booz veo a Jesús, nuestro
Redentor. Con bondad, Jesús provee
para nosotros. Jesús salió por las puertas
de la ciudad a pagar el precio para
hacernos Su novia.

«Los prometí como una novia pura
a su único esposo: Cristo».
2 CORINTIOS 11:2

David salió a luchar contra Goliat y lo derrotó hiriendo su cabeza con una piedra. Debido a la victoria de David, el pueblo de Dios no se convirtió en esclavo de los filisteos.

En la sombra de David veo a Jesús, nuestro campeón. En Su muerte y resurrección, Jesús hirió la cabeza de Satanás. Debido a Su victoria, ya no somos esclavos del pecado y de la muerte.

Dios le prometió a David que sería el primero de una larga línea de reyes. Uno de los hijos de David gobernaría sobre un reino de justicia y bondad que duraría para siempre.

En la sombra de David veo a Jesús, el hijo de David. Un día Jesús regresará a esta tierra como Rey. Su reino de justicia y bondad durará para siempre.

«Él será muy grande y lo llamarán Hijo del Altísimo.
El Señor Dios le dará el trono de su antepasado David.
Y reinará sobre Israel para siempre; ¡su reino no tendrá fin!».
LUCAS 1:32-33

Salomón fue el hombre más sabio del mundo,
un rey que guio al pueblo de Dios a la paz.

En la sombra de Salomón veo a Jesús, la sabiduría
de Dios. Al estar unidos a Jesús por la fe,
Él nos hace sabios y nos da paz.

«Dios los ha unido a ustedes con Cristo Jesús. Dios hizo que él fuera la sabiduría misma para nuestro beneficio».

1 CORINTIOS 1:30

Debido a que Israel se negó a obedecer a Dios,
los israelitas fueron enviados lejos de la tierra prometida
que Dios les había dado. Tuvieron que abandonar el hogar
donde disfrutaban de la presencia de Dios con ellos.

En la sombra de Israel veo a Jesús, el verdadero Israel.
Como Jesús obedeció perfectamente a Dios en nuestro lugar,
ha hecho posible que vivamos en la tierra prometida
que Dios nos dará. Allí disfrutaremos para siempre de
Su presencia con nosotros.

«Cristo sufrió por nuestros pecados una sola vez
y para siempre. Él nunca pecó, en cambio, murió por
los pecadores para llevarlos a salvo con Dios». 1 PEDRO 3:18

Zorobabel regresó a la tierra que Dios
había prometido a Su pueblo.
Él reconstruyó el templo en Jerusalén,
donde podían acercarse a Dios.

En la sombra del templo reconstruido,
veo a Jesús resucitado, el **templo
verdadero**. Cuando vamos a Jesús,
nos acercamos a Dios.

«—De acuerdo —contestó Jesús—. Destruyan
este templo y en tres días lo levantaré.

—¡Qué dices! —exclamaron—. Tardaron
cuarenta y seis años en construir
este templo, ¿y tú puedes reconstruirlo
en tres días?

Pero cuando Jesús dijo "este templo",
se refería a su propio cuerpo».

JUAN 2:19-21

Nehemías trabajó con el pueblo de Dios
para reconstruir los muros de Jerusalén.
Cuando los enemigos le dijeron que dejara
de construir los muros, él se negó.
El pueblo de Dios pudo vivir en paz y seguridad
en Jerusalén porque Nehemías terminó el trabajo.

En la sombra de Nehemías, veo a Jesús,
el Constructor de la ciudad de Dios.
Cuando Sus enemigos lo llamaron para
que bajara de la cruz, Jesús se negó.
Debido a que terminó la obra que Dios
le encargó que hiciera, las personas de muchas
naciones vivirán un día en perfecta paz
y seguridad en la Nueva Jerusalén.

«Sobre esta roca edificaré mi iglesia,
y el poder de la muerte
no la conquistará». MATEO 16:18

Veo mi propia sombra en todo el pueblo de Dios que esperó a que Jesús viniera la primera vez. Yo estoy esperando que Jesús venga por segunda vez.

Cuando venga, ya no lo veré en las sombras. Lo veré claramente, cara a cara.

«Ahora vemos todo de manera imperfecta, como reflejos desconcertantes, pero luego veremos todo con perfecta claridad. Todo lo que ahora conozco es parcial e incompleto, pero luego conoceré todo por completo, tal como Dios ya me conoce a mí completamente». 1 CORINTIOS 13:12

SOBRE LA AUTORA

Nancy Guthrie enseña la Biblia en su iglesia local, Cornerstone Presbyterian Church en Franklin, Tennessee, así como también en conferencias a través de todo EE. UU. e internacionalmente. Ella es la anfitriona del pódcast *Help Me Teach the Bible* [Ayúdame a enseñar la Biblia] de Coalición por el Evangelio y es autora de numerosos libros, incluyendo *One Year of Dinner Table Devotions* [Un año de devocionales para la hora de la cena] y *What Every Child Should Know About Prayer* [Lo que todo niño debe saber sobre la oración].